大方廣佛華嚴經 寫經

8

🪷 일러두기

1. 『사경본 한글역 대방광불화엄경』은 『독송본 한문·한글역 대방광불화엄경』에 수록된 한글역을 사경하는 데 편의를 도모하기 위해 편집을 달리하여 간행한 것이다.

2. 『독송본 한문·한글역 대방광불화엄경』은 실차난타가 한역(695~699)한 80권 『대방광불화엄경』의 한문 원문과 한글역을 함께 수록한 것이다. 한문 저본은 고종 2년(1865) 월정사에서 인경한 고려대장경 『대방광불화엄경』이다.

3. 한글 번역은 동국역경원에서 발간한 한글 『대방광불화엄경』(운허)을 중심으로 하고 『신화엄경합론』(탄허)과 『대방광불화엄경 강설』(여천무비) 그리고 최근의 어타 번역본 등을 참조하였다.

4. 한글 번역은 독송과 사경을 위하여 정확성과 아울러 가독성을 고려하였다. 극존칭은 부처님과 불경계에 대해서만 사용하였다.

5. 사경본의 차례는 일러두기 → 한글역 본문 → 화엄경 목차 → 간행사이며 80권 『대방광불화엄경』의 권별 목차 순으로 독송본과 함께 간행한다. (법공양판에는 간행사 다음에 간행불사 동참자를 밝혀 두었다.)

사경본 한글역
대방광불화엄경 제8권

5. 화장세계품 [1]

수미해주

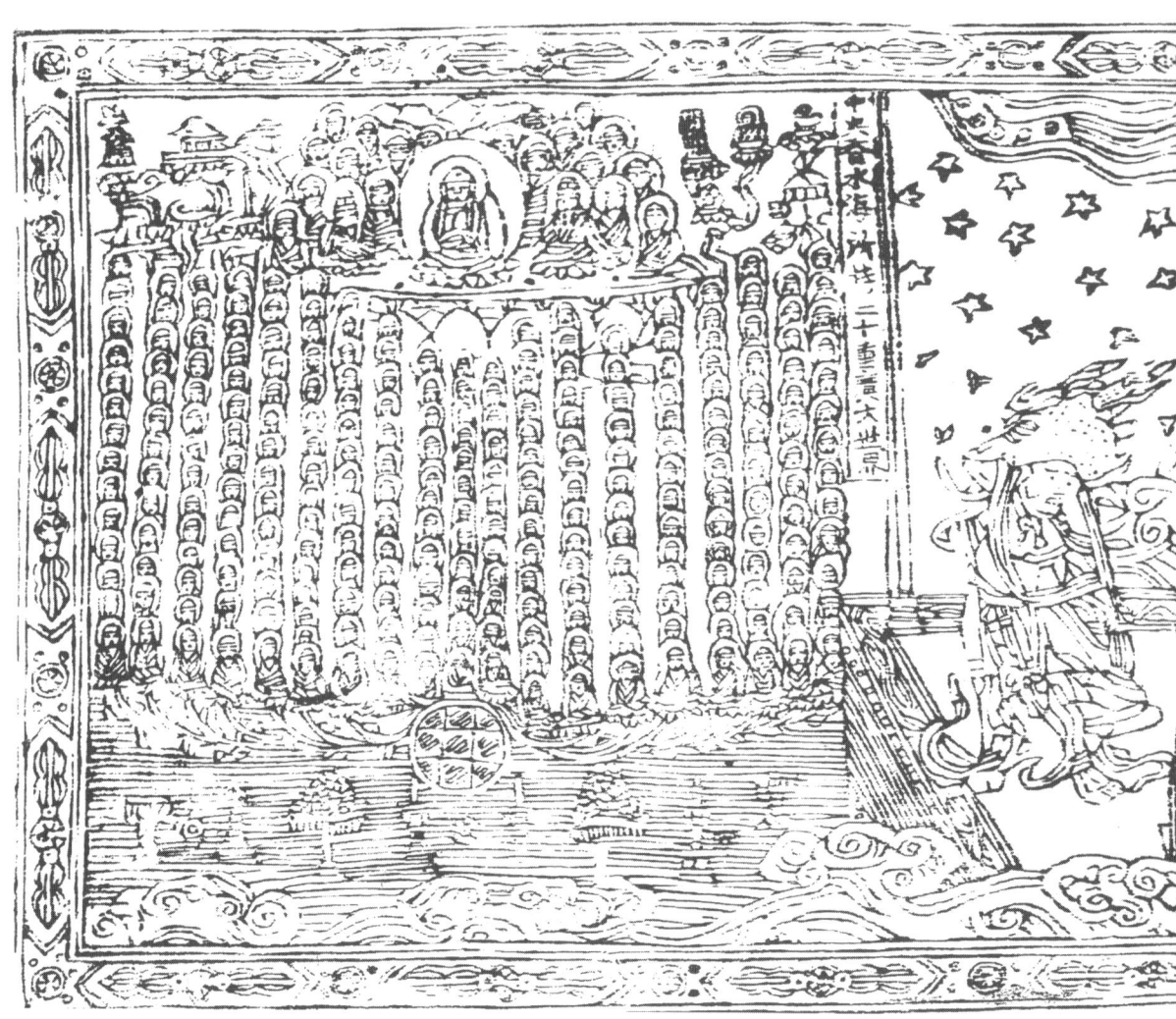

대방광불화엄경 제8권 변상도

_____은(는)『대방광불화엄경』을
사경하는 인연공덕으로
『화엄경』이 널리 유통되고
우리 모두 다함께 보리 이루기를 발원하옵니다.

대방광불화엄경
제8권

5. 화장세계품 [1]

그 때에 보현보살이 다시 대중들에게 일러 말씀하였다.

"모든 불자들이여, 이 화장장엄세계바다는 비로자나여래께서 지난 옛적 세계바다 미진수 겁 동안 보살행을 닦으실 때에 낱낱 겁 가운데서 세계바다 미진수의 부처님을 친근하시고, 낱낱 부처님 처소에서 세계바다 미진수의 큰 서원을 청정하게 닦아서 깨끗이 장엄하신 것이다.

모든 불자들이여, 이 화장장엄세계바다는 수미산 미진수의 풍륜이 있어서 유지하는 것이다.

그 가장 아래의 풍륜은 이름이 평등주이며, 그 위에 일체 보배불꽃이 치성한 장엄을 능히 유지하고 있다.

그 다음 위의 풍륜은 이름이 출생종종보장엄이며, 그 위에 청정한 광명이 비치어 빛나는 마니왕깃대를 능히 유지하고 있다. 그 다음 위의 풍륜은 이름이 보위덕이며, 그 위에 일체 보배방울을 능히 유지하고 있다.

그 다음 위의 풍륜은 이름이 평등염이며, 그 위에 햇빛같이 밝은 모양의 마니왕바퀴를 능히 유지하고 있다. 그 다음 위의 풍륜은 이름이 종종보장엄이며, 그 위에 광명바퀴꽃을 능히 유지하고 있다. 그 다음 위의 풍륜은 이름이 보청정이며, 그 위에 일체 꽃불꽃 사자좌를 능히 유지하고 있다.

그 다음 위의 풍륜은 이름이 성변시방이며, 그 위에 일체 구슬왕깃대를 능히 유지하고 있다. 그 다음 위의 풍륜은 이름이 일체보광명이며, 그 위에 일체 마니왕나무꽃을 능히 유지하고 있다. 그 다음 위의 풍륜은 이름이 속질보지이며, 그 위에 일체 향마니수미구름을 능히 유지하고 있다. 그 다음 위의 풍륜은 이름이 종종궁전유행이며, 그 위에 일체 보배색 향대구름을 능히 유지하고 있다.

　모든 불자들이여, 그 수미산 미진수 풍륜의 가장 위에 있는 것은 이름이 수승위광장이며, 보광마니장엄향수해를 능히 유지하고 있다.

　이 향수해에 큰 연꽃이 있으니 이름이 종종광명예향당이다. 화장장엄세계바다가 그 가운데 머물러 있는데, 사방이 고루 평탄하고 청정하며 견고하였다. 금강륜산이 두루 둘러싸고, 땅과 바다와 온갖 나무들이 각각 구별되어 있다."

이 때에 보현보살이 그 뜻을 거듭 펴려고 부처님의 위신력을 받들어 시방을 관찰하고 게송을 설하여 말씀하였다.

　　세존께서 지난 옛적
　　모든 세상에서
　　미진수의 부처님 처소에서
　　청정한 업을 닦으셔서

갖가지
보배 광명으로 된
화장장엄세계바다를
얻으셨도다.

넓고 큰 자비구름이
일체에 두루하여
몸을 버림이 한량없어
세계 티끌 수와 같으니
옛적 겁바다에서
수행하신 힘으로
지금 이 세계에

모든 더러움이 없도다.

큰 광명을 놓아
허공에 두루 머무르니
풍력으로 유지하여
흔들림이 없고
부처님이 새겨진 마니로
널리 장식하니
여래의 원력으로
청정하게 하였도다.

마니에 미묘하게 새겨진 꽃을

널리 흘으니
옛적의 원력으로
허공 가운데 머무르고
갖가지 견고한
장엄바다에
광명구름이 드리워 펼쳐져서
시방에 가득하도다.

모든 마니 가운데
보살구름이
시방에 널리 나아가
광명이 치성한데

광명불꽃이 바퀴를 이루고
묘한 꽃으로 꾸미니
법계에 두루 흘러
모두 가득하도다.

일체 보배 가운데서
청정한 광명을 놓으니
그 광명이 중생바다를
널리 비추어서
시방국토에
다 두루하여
모두 고통에서 벗어나

보리를 향하게 하도다.

보배 가운데 부처님 수가

중생과 같아서

그 모공에서

변화한 형상을 내시니

범천왕과 제석천왕과

전륜왕 등이며

일체 중생과

그리고 모든 부처님이시도다.

변화하여 나타낸 광명이

법계와 같으니
광명 속에서 모든 부처님의
명호를 연설하고
갖가지 방편으로
조복함을 보여서
널리 중생들의 마음에
다 알맞게 하도다.

화장세계에 있는
티끌들의
낱낱 티끌 가운데서
법계를 봄이라

보배광명에서 구름모이듯
부처님을 나타내니
이것은 여래 세계의
자재함이로다.

광대한 서원구름이
법계에 두루해서
일체 겁 동안
중생들을 교화하여
보현의 지혜지위와 행을
다 이루니
있는 바 장엄이

여기에서 나왔도다.

그 때에 보현보살이 다시 대중들에게 일러 말씀하였다.

"모든 불자들이여, 이 화장장엄세계바다에 대윤위산이 햇빛 구슬왕 연꽃 위에 머물러 있다.

전단마니로 그 몸이 되고 위덕의 보배왕으로 그 봉우리가 되고, 묘한 향기 나는 마니로 그 둘레가 되고, 불꽃 창고 금강으로 함께 이루어졌다.

일체 향수가 그 사이에 흐르며, 온갖 보배로 숲이 되고 미묘한 꽃들이 활짝 피어 있으며, 향기로운 풀들이 땅에 널려 있고, 밝은 구슬로 사이사이 장식하고, 갖가지 향기로운 꽃이 곳곳에 가득하며, 마니로 된 그물이 두루 드리워 덮고있다. 이와 같은 세계바다 미진수의 온갖 미묘한 장엄이 있다."

그 때에 보현보살이 그 뜻을 거듭 펴려고 부처님의 위신력을 받들어

시방을 관찰하고 게송을 설하여 말
씀하였다.

　세계의 큰 바다가
　끝이 없는데
　보배바퀴 청정하여
　갖가지 색이며
　있는 바 장엄들이
　다 기묘하니
　이것은 여래의 위신력으로
　일어났도다.

마니보배바퀴와
묘한 향기바퀴와
진주등
불꽃바퀴가
갖가지 묘한 보배들로
장식되었으니
청정한 윤위산이
안주한 곳이로다.

견고한 마니로
창고가 되고
염부단금으로

장식하여
빛나고 불꽃 퍼져
시방에 두루하니
안과 밖이 밝게 사무쳐
다 청정하도다.

금강과 마니가 모여서
이루어졌는데
다시 또 마니와
모든 묘한 보배들을 비 내리고
그 보배들의 정교하고 기묘함이
한 가지가 아니니

청정한 광명을 놓아
널리 장엄하여 화려하도다.

향수의 물줄기가
한량없는 색이고
모든 꽃과 보배와
전단향을 흩었으며
온갖 연꽃이 다투어 피어서
옷을 펼친 듯하고
진귀한 풀들이 두루 나서
다 매우 향기롭도다.

한량없는 보배 나무로
널리 장엄하였으니
꽃 피고 꽃술 솟아
색이 화려하고
갖가지 이름난 옷이
그 안에 있는데
광명구름이 사방에 비쳐서
늘 원만하도다.

한량없고 가없는
큰 보살들이
일산 들고 향 사르며

법계에 충만한데
모두 일체
묘한 음성을 내어서
여래의 바른 법륜을
널리 굴리도다.

모든 마니나무가
보배 가루로 이루어져서
낱낱 보배가루가
광명을 나타내는데
비로자나부처님의
청정하신 몸이

다 그 안에 들어가
널리 보게 하시도다.

모든 장엄 가운데
부처님 몸을 나타내시니
가없는 색상이
헤아릴 수 없음이라
시방에 다 가서
두루하지 않음이 없으시니
교화하신 중생들도
또한 한이 없도다.

일체 장엄이
미묘한 소리를 내어
여래 본원의 법륜을
연설하니
시방에 있는
청정한 세계바다에
부처님의 자재한 힘으로
다 두루하게 하시도다.

그 때에 보현보살이 다시 대중들에게 일러 말씀하였다.

"모든 불자들이여, 이 세계바다의 대윤위산 안에 있는 대지는 일체가 모두 금강으로 이루어져서 견고한 장엄을 깨뜨릴 수 없다.

청정하고 평탄하여 높고 낮음이 없으며, 마니로 바퀴가 되고, 온갖 보배로 창고가 되며, 일체 중생의 갖가지 형상인 모든 마니보배로 사이마다 장식하고, 온갖 보배 가루를 흩고, 연꽃을 펴 놓았으며, 향기 머금은 마니를 그 사이에 나누어 두었다.

모든 장엄구가 충만하여 두루함이

구름 같으며, 삼세의 일체 모든 부처님 국토에 있는 장엄으로 아름답게 꾸미고, 마니의 묘한 보배로 그 그물이 되어 여래의 경계를 널리 나타내니 제석천의 그물처럼 그 가운데 펼쳐져 있다.

모든 불자들이여, 이 세계바다의 대지에 이와 같은 세계바다 미진수의 장엄이 있다."

그 때에 보현보살이 그 뜻을 거듭 펴려고 부처님의 위신력을 받들어

시방을 관찰하고 게송을 설하여 말씀하였다.

그 땅은 평탄하여
지극히 청정하고
견고하게 안주하여
깨뜨릴 수 없음이라
마니로
곳곳을 장엄하였고
온갖 보배로 그 가운데
사이사이 장식하였도다.

금강으로 땅이 되어
매우 즐거우며
보배 바퀴와 보배 그물로
장엄을 갖추고
연꽃이 위에 펼쳐져
다 원만하며
미묘한 옷을 가득 덮어
다 두루하도다.

보살의
천관 보배 영락을
그 땅에 모두 펴서

아름답게 장엄하고
전단과 마니를
널리 그 가운데 흩으니
때 없는 묘한 광명을
모두 펴도다.

보배 꽃이 불꽃을 내어
묘한 광명을 쏟아내니
광명 불꽃은
구름처럼 일체를 비추고
이 아름다운 꽃과
온갖 보배를 흩어서

땅을 널리 덮어
장식하도다.

두터운 구름이 일어나서
시방에 가득하고
넓고 큰 광명은
다함이 없어
시방의 일체 국토에
널리 이르러서
여래의 감로법을
연설하도다.

일체 부처님의 서원을
마니 안에서
가없고 광대한 겁 동안
널리 나타내니
가장 수승한 지혜자의
옛적 행하신 바를
이 보배 속에서
보지 못함이 없도다.

그 땅에 있는
마니보배에
일체 부처님 세계가

다 들어가며
그 모든 부처님 세계의
낱낱 티끌에
일체 국토가
또한 그 안에 들어가도다.

묘한 보배로
장엄한 화장세계에
보살들이 시방에
두루 유행하며
대사의 모든 큰 서원을
연설하니

이것은 도량의
자재한 힘이로다.

마니의 묘한 보배로
장엄한 땅에
청정한 광명 놓고
온갖 장식을 갖추어서
법계에 충만하여
허공과 같으니
부처님의 힘으로
자연히 이와 같이 나타나도다.

모든 세상에서
보현의 원을 닦아서
부처님 경계에 들어간
큰 지혜 있는 사람은
이 세계바다 가운데
이러한 일체
모든 신통변화를
능히 알도다.

그 때에 보현보살이 다시 대중들에게 일러 말씀하였다.

"모든 불자들이여, 이 세계바다 대지 가운데 열 가지 말할 수 없는 부처님 세계 미진수의 향수해가 있다.

일체 묘한 보배로 그 바닥을 장엄하고, 미묘한 향기 나는 마니로 그 언덕을 장엄하며, 비로자나 마니보배왕으로 그 그물이 되고, 향수가 맑게 비치어 온갖 보배 색을 구족하여 그 가운데 충만하며, 갖가지 보배 꽃이 그 위를 뒤덮고, 전단향의 미세한 가루가 그 아래에 맑게 가라앉았다.

부처님의 음성을 펴고, 보배 광명을 놓으며, 가없는 보살들이 갖가지 일산을 들고 신통력을 나타내었다. 일체 세계에 있는 장엄이 다 그 가운데 나타나며, 열 가지 보배로 된 층계들이 줄지어 늘어서고, 열 가지 보배로 된 난간들이 두루 둘러싸고, 사천하 미진수의 일체 보배로 장엄한 흰 연꽃이 물속에 만발하였다.

말할 수 없는 백천억 나유타 수의 열 가지 보배로 된 시라 깃대와, 항하의 모래 수 같은 일체 보배 옷 방울그물 깃대와, 항하의 모래 수 같은 가없는 색상의 보배꽃 누각과, 백천억 나유타 수의 열 가지 보배로 된 연꽃 성곽과 사천하 미진수의 온갖 보배 숲의 보배불꽃 마니로 그 그물이 되었다.

항하의 모래 수 같은 전단향과 모든 부처님의 음성을 내는 광명불꽃 마니와 말할 수 없는 백천억 나유타 수의 온갖 보배 담장들이 다 함께 둘러싸서 두루 두루 장식하였다."

그 때에 보현보살이 그 뜻을 거듭 펴려고 부처님의 위신력을 받들어 시방을 관찰하고 게송을 설하여 말씀하였다.

이 세계의
대지 위에
향수해가 있고
마니로 장엄하였는데
청정하고 묘한 보배를
그 바닥에 펴서
금강에 안주하여

깨뜨릴 수 없도다.

향기 머금은 마니가
쌓여 언덕이 되고
햇빛불꽃 진주바퀴가
구름처럼 펼쳐지며
연꽃과 묘한 보배로
영락이 되어
곳곳마다 장엄하여
깨끗하고 때가 없도다.

향수가 맑고 맑아

온갖 색상을 갖추고
보배 꽃이 둘러 펴져
광명을 놓으며
널리 진동하는 음성이
원근에 들리니
부처님의 위신력으로
묘법을 연설하도다.

층계의 장엄은
온갖 보배를 갖추었고
다시 마니로
사이사이 장식하였으며

둘러 있는 난간들도
다 보배로 이루어졌는데
연꽃 진주그물이
구름처럼 펼쳐졌도다.

마니로 된 보배 나무가
줄지어 서있고
꽃들이 만발하여
빛이 혁혁하며
갖가지 음악을
항상 연주하니
부처님의 신통력이

이와 같게 하였도다.

갖가지 묘한 보배로 된
흰 연꽃이
향수해에 펼쳐져
장엄하였으니
향기불꽃광명이
잠시도 멈추지 않아서
광대하고 원만하여
다 가득하도다.

밝은 구슬 보배 깃대가

늘 치성하고
묘한 옷이 드리워
펼쳐져 장식하며
마니방울그물이
법음을 연설하여
그 듣는 이들이
부처님 지혜에 나아가게 하도다.

묘한 보배 연꽃으로
성곽이 되고
온갖 빛깔 마니로
장엄되어 밝으며

진주구름 영상이
사방에 펼쳐져
이와 같이 향수해를
장엄하였도다.

담장이
두루 두루 둘러싸고
누각이 서로 바라보며
그 위에 펼쳐졌는데
한량없는 광명이
늘 치성하여
갖가지로 청정한 바다를

장엄하였도다.

비로자나부처님께서
지난 옛적에
갖가지 세계바다를
다 깨끗이 장엄하시니
이와 같이 광대하고
끝이 없음은
모두 여래의
자재하신 힘이로다.

그 때에 보현보살이 다시 대중들에

게 일러 말씀하였다.

"모든 불자들이여, 낱낱 향수해에 각각 사천하 미진수의 향수하가 있어서 오른쪽으로 돌아 둘러쌌다. 일체가 다 금강으로 언덕이 되고, 청정한 광명의 마니로 장식하였으며, 모든 부처님의 보배색 광명구름과 모든 중생들이 가진 음성을 항상 나타내었다.

그 강이 소용돌이치는 곳에 일체 모든 부처님께서 닦으신 인행과 갖가지 형상이 다 그 가운데서 나오며, 마니로 그물이 되고, 온갖 보배로 풍경이 되고, 모든 세계바다에 있는 장엄이 다 그 가운데서 나타났다.

마니보배구름으로 그 위를 덮었는데, 그 구름이 화장세계의 비로자나 부처님께서 시방에 변화하신 부처님과 그리고 일체 부처님의 신통한 일을 널리 나타내었다. 또 미묘한 음성을 내어 삼세의 부처님과 보살들의 이름을 드날리며, 그 향수 가운데 항상 일체 보배불꽃 광명구름을 내어서 상속하여 끊어지지 아니하였다.
 만일 널리 말한다면 낱낱 강에 각각 세계바다 미진수의 장엄이 있다."

 그 때에 보현보살이 그 뜻을 거듭 펴려고 부처님의 위신력을 받들어 시방을 관찰하고 게송을 설하여 말씀하였다.

  청정한 향수가 흘러
  큰 강에 가득하니
  금강의 미묘한 보배로

그 언덕이 되고
보배 가루로 바퀴가 되어
그 땅에 펼쳐지니
갖가지 장엄이
다 진기하고 아름답도다.

보배 계단이 줄지어
묘하게 장엄하고
난간이 두루 돌아가면서
모두 수려하며
진주로 새겨넣고
온갖 꽃으로 장식하니

갖가지 영락 화만이
함께 드리웠도다.

향수의 보배광명
청정한 색상이
항상 마니를 내뿜으며
다투어 빨리 흐르는데
온갖 꽃이 물결 따라
다 요동하여
모두 음악을 연주하며
묘법을 선설하도다.

고운 전단 가루가
앙금이 되고
일체 묘한 보배들이
함께 돌아 흐르는데
향기 어린 기운이
그 가운데 퍼져서
피어나는 불꽃과 흐르는 향기가
널리 두루하도다.

강 속에서
모든 미묘한 보배가 나와서
모두 광명을 놓아

빛이 치성한데
그 광명이 영상을 드리워
좌대가 되니
꽃 일산과 진주 영락이
모두 구족하도다.

마니왕 속에서
부처님 몸을 나타내어
광명이 시방세계를
널리 비추고
이것으로 바퀴가 되어
땅을 장식하니

향수의 빛이 사무쳐서
항상 가득하도다.

마니로 그물이 되고
금으로 방울이 되어
향하를 두루 덮고
부처님 음성을 내어서
일체
보리도와
보현의 묘한 행을
연설하도다.

보배언덕의 마니가
지극히 청정하여
여래 본원의 음성을
항상 내되
일체 모든 부처님께서
옛적에 행하신 것을
그 소리로 널리 펴서
다 보게 하도다.

그 강이
소용돌이치며 흐르는 곳에
보살들이 구름처럼

늘 솟아 나와서
넓고 큰 세계에
모두 다니며
내지 법계에
다 충만하도다.

청정한 구슬왕이
구름처럼 펼쳐져서
일체 향하를
다 두루 덮었는데
그 구슬이 부처님의
미간상 같아서

모든 부처님의 영상을
환하게 나타내도다.

그 때에 보현보살이 다시 대중들에게 일러 말씀하였다.

"모든 불자들이여, 이 모든 향수하의 양쪽 사이에 있는 땅을 모두 미묘한 보배로써 갖가지로 장엄하였다. 낱낱이 각각 사천하 미진수의 온갖 보배로 장엄한 흰 연꽃이 두루 가득하고, 각각 사천하 미진수의 온갖 보배 나무숲이 차례로 줄지어 서있었다.

낱낱 나무 가운데 일체 모든 장엄구름을 항상 내며, 마니보배왕이 그 사이를 밝게 비추고, 갖가지 꽃향기가 곳곳에 가득하며, 그 나무에서 또 미묘한 음성을 내어 모든 여래의 일체 겁 동안 닦으신 큰 서원을 설하였다.

또 갖가지 마니보왕을 흩어서 그 땅에 두루 가득하였다. 이른바 연꽃바퀴 마니보왕과 향불꽃광명구름

마니보왕과 갖가지로 장식한 마니보왕과 불가사의한 장엄 빛을 나타내는 마니보왕과 햇빛 광명 옷창고 마니보왕과 시방에 두루 광명그물구름을 널리 드리워 펼치는 마니보왕과 일체 모든 부처님의 신통변화를 나타내는 마니보왕과 일체 중생의 업보바다를 나타내는 마니보왕이었다.

이와 같은 것이 세계바다 미진수가 있으니 그 향수하의 양쪽 사이의 땅에 낱낱이 모두 이러한 장엄을 갖추었다."

그 때에 보현보살이 그 뜻을 거듭 펴려고 부처님의 위신력을 받들어 시방을 관찰하고 게송을 설하여 말씀하였다.

그 땅이 평탄하고
지극히 청정하니
진금과 마니로
함께 장식하였고
모든 나무가 늘어서서
그 가운데 그늘 지우니
솟은 줄기 드리운 꽃가지가

구름 같도다.

가지들은
미묘한 보배로 장엄되고
꽃불꽃이 바퀴 되어
광명이 사방을 비추는데
마니로 된 과일들이
구름처럼 펼쳐져
널리 시방에서
항상 환히 보게 하도다.

마니가 땅에 널려

다 충만한데
온갖 꽃과
보배가루로 함께 장엄하고
또 마니로
궁전을 지어서
중생들의 모든 영상을
다 나타내도다.

모든 부처님의 영상인
마니왕을
그 땅에 널리 흘어
두루하지 않음이 없으니

이와 같이 혁혁하게
시방에 두루하여
낱낱 티끌 속에서
다 부처님을 보도다.

묘한 보배장엄이
잘 널려 있고
진주등불그물이
사이사이 섞였는데
곳곳에 모두
마니바퀴가 있어서
낱낱이 다 부처님의 신통을

나타내도다.

온갖 보배장엄이
큰 광명을 놓고
광명 속에서 모든 화신 부처님을
널리 나타내니
낱낱이 두루 다녀
두루하지 않음이 없어서
모두 열 가지 힘으로
널리 연설하도다.

마니의 묘한 보배로 된

흰 연꽃이
일체 물속에
다 두루 가득하되
그 꽃이 갖가지로
각각 같지 않아서
모두 광명을 놓아
다함이 없도다.

삼세에 있는
모든 장엄들이
마니 열매 가운데
다 나타나되

체성은 남도 없고
취할 수도 없으니
이것은 여래의
자재하신 힘이로다.

이 땅의
일체 장엄 가운데
다 여래의 광대한 몸을
나타내되
그 또한 오지도 않고
가지도 않으니
부처님의 옛적 원력으로

다 보게 하도다.

이 땅의
낱낱 미진 가운데
일체 불자들이
도를 수행하여
각각 수기 받은
당래 세계가
그 뜻에 즐김을 따라
다 청정함을 보도다.

그 때에 보현보살이 다시 대중들에

게 일러 말씀하였다.

"모든 불자들이여, 모든 부처님 세존의 세계바다 장엄이 불가사의하니, 무슨 까닭인가?

모든 불자들이여, 이 화장장엄세계바다의 일체 경계가 낱낱이 다 세계바다 미진수의 청정한 공덕으로 장엄한 것이다."

그 때에 보현보살이 그 뜻을 거듭 펴려고 부처님의 위신력을 받들어

시방을 관찰하고 게송을 설하여 말씀하였다.

　　이 세계바다 가운데
　　모든 곳이
　　다 온갖 보배로
　　장식되었고
　　불꽃 일어 허공에 올라
　　구름처럼 펼쳐지니
　　광명이 밝게 사무쳐
　　항상 가득 덮었도다.

마니가 구름을 내어
다함없는데
시방의 부처님 영상이
그 가운데 나타나서
신통 변화가
잠시도 쉬지 않으니
일체 보살들이
다 와서 모였도다.

일체 마니가
부처님의 음성을 내니
그 소리가 미묘하여

부사의함이라
비로자나부처님의
옛적 수행하신 바를
이 보배 안에서
늘 듣고 보도다.

청정한 광명을
두루 비추시는 세존께서
장엄구 가운데
다 영상을 나타내시니
변화하신 분신을
대중들이 둘러싸서

일체 세계바다에
모두 두루하도다.

계시는 화신 부처님이
다 환과 같아서
그 오신 곳을 구하여도
찾을 수 없으나
부처님의 경계와
위신력으로
일체 세계 가운데
이와 같이 나타나셨도다.

여래의 자재하고
신통한 일이
시방의 모든 국토에
다 두루하니
이 세계바다를
청정하게 장엄하여
일체가 다 보배 가운데
나타났도다.

시방에 있는
모든 변화여
일체가 다 거울 가운데

영상과 같으니
다만 여래께서
옛적 수행하신 것을 말미암아
신통과 원력으로
출생하였도다.

만약 능히 보현행을
닦아서
보살의 수승한
지혜바다에 들어가면
능히
일체 미진 가운데

그 몸을 널리 나타내어
온갖 세계를 청정하게 하리라.

불가사의한
억 대겁 동안
일체 모든 여래를
친근하셨으니
그와 같이
일체의 행하신 바를
한 찰나에
다 능히 나타내시도다.

모든 부처님의 국토가

허공과 같아서

같음도 없고 남도 없고

형상도 없으나

중생들을 이롭게 하려고

널리 깨끗이 장엄하셔서

본래의 원력으로

그 가운데 머무시도다.

그 때에 보현보살이 다시 대중들에게 일러 말씀하였다.

"모든 불자들이여, 이 가운데 어떠한 세계가 머무르는지를 내가 이제 마땅히 설하리라.

모든 불자들이여, 이 열 가지 말할 수 없는 부처님 세계 미진수의 향수해 가운데 열 가지 말할 수 없는 부처님 세계 미진수의 세계종이 안주해 있는데, 낱낱 세계종에 다시 열 가지 말할 수 없는 부처님 세계 미진수의 세계가 있다.

모든 불자들이여, 그 모든 세계종이 세계바다 가운데서 각각으로 의지하여 머무르며, 각각의 형상이며, 각각의 체성이며, 각각의 방소이며, 각각의 나아가 들어감이며, 각각의 장엄이며, 각각의 분제이며, 각각의 항렬이며, 각각의 차별없음이며, 각각의 힘으로 가지함이다.

　모든 불자들이여, 이 세계종이 혹 어떤 것은 큰 연꽃바다를 의지하여 머무르며, 혹은 가없는 빛의 보배꽃바다를 의지하여 머무르며, 혹은 일체 진주 창고인 보배영락바다를 의지하여 머무르며, 혹은 향수바다를 의지하여 머무르며, 혹은 일체 꽃바다를 의지하여 머무른다.

혹은 마니보배 그물바다를 의지하여 머무르며, 혹은 소용돌이치고 흐르는 광명바다를 의지하여 머무르며, 혹은 보살의 보배로 장엄한 보관바다를 의지하여 머무르며, 혹은 갖가지 중생들의 몸바다를 의지하여 머무르며, 혹은 일체 부처님의 음성을 내는 마니왕바다를 의지하여 머무른다.

이와 같은 것을 만약 널리 말하면 세계바다 미진수가 있다.

모든 불자들이여, 저 일체 세계종이 혹 어떤 것은 수미산의 형상을 지으며, 혹은 강하의 형상을 지으며, 혹은 회전하는 형상을 지으며, 혹은 소용돌이치며 흐르는 형상을 지으며, 혹은 바퀴테의 형상을 지으며, 혹은 제단의 형상을 지었다.

혹은 나무숲의 형상을 지으며, 혹은 누각의 형상을 지으며, 혹은 산과

깃대의 형상을 지으며, 혹은 넓고 모난 형상을 지으며, 혹은 태 속의 형상을 지으며, 혹은 연꽃의 형상을 지으며, 혹은 대그릇의 형상을 지었다.

혹은 중생 몸의 형상을 지으며, 혹은 구름의 형상을 지으며, 혹은 모든 부처님 상호의 형상을 지으며, 혹은 원만한 광명의 형상을 지으며, 혹은 갖가지 구슬그물의 형상을 지으며, 혹은 일체 문의 형상을 지으며, 혹은 모든 장엄구의 형상을 지었다.

이와 같은 것을 만약 널리 말하면

세계바다 미진수가 있다.

　모든 불자들이여, 그 일체 세계종이 혹 어떤 것은 시방의 마니 구름으로 체성이 되며, 혹은 온갖 색의 불꽃으로 체성이 되며, 혹은 모든 광명으로 체성이 되며, 혹은 보배향불꽃으로 체성이 되며, 혹은 일체 보배로 장엄한 다라꽃으로 체성이 되었다.

　혹은 보살의 영상으로 체성이 되며, 혹은 모든 부처님의 광명으로 체성이 되며, 혹은 부처님의 색상으로 체성이 되며, 혹은 한 보배의 광명으로 체성이 되며, 혹은 온갖 보배의 광명으로 체성이 되었다.

혹은 일체 중생의 복덕바다 음성으로 체성이 되며, 혹은 일체 중생의 모든 업바다 음성으로 체성이 되며, 혹은 일체 부처님 경계의 청정한 음성으로 체성이 되며, 혹은 일체 보살의 큰 서원바다 음성으로 체성이 되며, 혹은 일체 부처님의 방편 음성으로 체성이 되었다.

혹은 일체 세계의 장엄구가 이루어

지고 무너지는 음성으로 체성이 되며, 혹은 가없는 부처님의 음성으로 체성이 되며, 혹은 일체 부처님의 변화하는 음성으로 체성이 되며, 혹은 일체 중생의 선한 음성으로 체성이 되며, 혹은 일체 부처님 공덕바다의 청정한 음성으로 체성이 되었다.

이와 같은 것을 만약 널리 말하면 세계바다 미진수가 있다."

그 때에 보현보살이 그 뜻을 거듭 펴려고 부처님의 위신력을 받들어

시방을 관찰하고 게송을 설하여 말씀하였다.

　　세계종의 견고하고
　　묘한 장엄이여
　　광대하고 청정한
　　광명 창고가
　　연꽃 보배바다를
　　의지하여 머무르며
　　혹은 향수해 등에
　　머무르도다.

수미산과 성곽
나무와 제단의 형상인
일체 세계종이
시방에 두루한데
갖가지 장엄과
형상이 달라서
각각 줄을 지어
안주하였도다.

혹 어떤 것은
체성이 청정한 광명이고
혹은 꽃 창고와

보배구름이며
혹 어떤 세계종은
불꽃으로 이루어져
마니의 무너지지 않는
창고에 안주하였도다.

등불구름과
불꽃채색 광명들이며
갖가지
가없는 청정한 색이며
혹은 음성으로
체성이 되었으니

이것은 부처님께서
연설하신 부사의로다.

혹은 원력으로
나온 음성과
신통 변화의 음성으로
체성이 되니
일체 중생의
큰 복업과
부처님의 공덕 음성도
이와 같도다.

세계종의
낱낱 차별한 문이
불가사의하여
다함이 없음이라
이와 같이
시방에 다 두루 가득하니
광대한 장엄이
신통력으로 나타났도다.

시방에 있는
광대한 세계가
모두 이 세계종에

들어오니
비록 시방이
그 가운데 들어옴을 보나
실제로는
옴도 없고 들어간 바도 없도다.

한 세계종이
일체에 들어가며
일체가 하나에 들어가도
남음이 없으니
체상은 본래대로
차별이 없으며

같음 없고 한량없어
다 두루하도다.

일체 국토의
미진 가운데
여래께서 그곳에 계심을
널리 보니
원력바다의 말씀 소리가
우레와 같아서
일체 중생을
다 조복하시도다.

부처님 몸은
일체 세계에 두루하시며
수없는 보살들도
또한 충만하니
여래의 자재하심이
같을 이 없어서
일체 모든 중생들을
널리 교화하시도다.

그 때에 보현보살이 다시 대중들에게 일러 말씀하였다.

"모든 불자들이여, 이 열 가지 말할 수 없는 부처님 세계 미진수의 향수해가 화장장엄세계바다 가운데 제석천의 그물같이 분포하여 머물러 있다.

모든 불자들이여, 이 가장 중앙의 향수해는 이름이 무변묘화광이다. 일체 보살의 형상을 나타내는 마니왕깃대로 바닥이 되었고, 큰 연꽃이 피어났으니 이름이 일체향마니왕장엄이다.

세계종이 그 위에 머물러 있으니 이름이 보조시방치연보광명이다. 일체 장엄구로 체성이 되어서 말할 수 없는 부처님 세계 미진수의 세계가 그 가운데 펼쳐져 있다.

그 가장 아래쪽에 세계가 있으니 이름이 최승광변조이다. 일체 금강으로 장엄하여 광명이 빛나는 바퀴로 가장자리가 되고 온갖 보배 마니꽃을 의지하여 머무르며, 그 형상은 마치 마니보배 모양과 같고, 일체 보배 꽃으로 장엄한 구름이 그 위를 가득 덮었다.

부처님 세계 미진수의 세계가 두루 둘러싸서 갖가지로 안주하고 갖가지로 장엄하였으며, 부처님 명호는 정안이구등이시다.

이 위에 부처님 세계 미진수의 세계를 지나서 세계가 있으니 이름이 종종향연화묘장엄이다. 일체 장엄구로 가장자리가 되고 보배연꽃그물을 의지하여 머무르며, 그 형상은 마치 사자좌와 같고, 일체 보배색 구슬휘장구름으로 그 위를 덮었다.

　두 부처님 세계 미진수의 세계가 두루 둘러쌌으며, 부처님 명호는 사자광승조이시다.

　이 위에 부처님 세계 미진수의 세계를 지나서 세계가 있으니 이름이 일체보장엄보조광이다. 향기 나는 풍륜으로 가장자리가 되고, 갖가지 보배 꽃 영락을 의지하여 머무르며, 그 형상은 팔모이고, 묘한 빛 마니

햇빛 구름으로 그 위를 덮었다.

　세 부처님 세계 미진수의 세계가 두루 둘러쌌으며, 부처님의 명호는 정광지승당이시다.

　이 위에 부처님 세계 미진수의 세계를 지나서 세계가 있으니 이름이 종종광명화장엄이다. 일체 보배왕으로 가장자리가 되고 온갖 색의 금강시라 깃대바다를 의지하여 머무르며, 그 형상은 마치 마니 연꽃과 같고, 금강 마니 보배 광명구름으로 그 위를 덮었다.

　네 부처님 세계 미진수의 세계가 두루 둘러싸서 순일하게 청정하며, 부처님 명호는 금강광명무량정진력선출현이시다.

　이 위에 부처님 세계 미진수의 세계를 지나서 세계가 있으니 이름이 보방묘화광이다. 일체 보배 방울이 장엄된 그물로 가장자리가 되고, 일체 나무숲으로 장엄된 보배바퀴 그물바다를 의지하여 머무르며, 그 형상은 넓고 모나서 모퉁이가 많이 있으며, 법천의 음성 마니왕구름으로 그 위를 덮었다.

다섯 부처님 세계 미진수의 세계가 두루 둘러쌌으며, 부처님 명호는 향광희력해이시다.

이 위에 부처님 세계 미진수의 세계를 지나서 세계가 있으니 이름이 정묘광명이다. 보배왕장엄깃대로 가장자리가 되고, 금강궁전바다를 의지하여 머무르며, 그 형상은 네모이고, 마니바퀴 상투 휘장 구름으로 그 위를 덮었다.

여섯 부처님 세계 미진수의 세계가 두루 둘러쌌으며, 부처님 명호는 보광자재당이시다.

이 위에 부처님 세계 미진수의 세계를 지나서 세계가 있으니 이름이 중화염장엄이다. 갖가지 꽃장엄으로 가장자리가 되고, 일체 보배색 불꽃 바다를 의지하여 머무르며, 그 형상은 마치 누각 모양과 같고, 일체 보배색옷 진주난간구름으로 그 위를 덮었다.

일곱 부처님 세계 미진수의 세계가 두루 둘러싸고 순일하게 청정하며, 부처님 명호는 환희해공덕명칭자재광이시다.

이 위에 부처님 세계 미진수의 세계를 지나서 세계가 있으니 이름이 출생위력지이다. 일체 소리를 내는 마니왕 장엄으로 가장자리가 되고, 갖가지 보배색 연화좌 허공바다를 의지하여 머무르며, 그 형상은 마치 인다라 그물과 같고, 가없는 색의 꽃 그물구름으로 그 위를 덮었다.

여덟 부처님 세계 미진수의 세계가 두루 둘러쌌으며, 부처님 명호는 광대명칭지해당이시다.

이 위에 부처님 세계 미진수의 세계를 지나서 세계가 있으니 이름이 출묘음성이다. 심왕 마니로 장엄한 바퀴로 가장자리가 되고, 항상 일체 묘한 음성을 내는 장엄구름 마니왕바다를 의지하여 머무르며, 그 형상은 마치 법천의 몸 모양과 같고, 한량없는 보배로 장엄한 사자좌구름으로 그 위를 덮었다.

아홉 부처님 세계 미진수의 세계가 두루 둘러쌌으며, 부처님 명호는 청정월광명상무능최복이시다.

이 위에 부처님 세계 미진수의 세계를 지나서 세계가 있으니 이름이 금강당이다. 가없이 장엄한 진주창고 보배 영락으로 가장자리가 되고,

일체 장엄 보배사자좌 마니바다를 의지하여 머무르며, 그 형상은 두루 둥글고, 열 수미산 미진수의 일체 향 마니꽃 수미구름으로 그 위를 가득 덮었다.

열 부처님 세계 미진수의 세계가 두루 둘러싸서 순일하게 청정하며, 부처님의 명호는 일체법해최승왕이시다.

이 위에 부처님 세계 미진수의 세계를 지나서 세계가 있으니 이름이

항출현제청보광명이다. 지극히 견고하여 깨뜨릴 수 없는 금강장엄으로 가장자리가 되고, 갖가지 다른 꽃바다를 의지하여 머무르며, 그 형상은 마치 반달 모양과 같고, 모든 하늘 보배 휘장구름으로 그 위를 덮었다.

열한 부처님 세계 미진수의 세계가 두루 둘러쌌으며, 부처님 명호는 무량공덕법이시다.

이 위에 부처님 세계 미진수의 세

계를 지나서 세계가 있으니 이름이 광명조요이다. 널리 빛나는 장엄으로 가장자리가 되고, 꽃으로 둘린 향수해를 의지하여 머무르며, 형상은 꽃으로 두른 것과 같고, 갖가지 웃구름으로 그 위를 덮었다.

열두 부처님 세계 미진수의 세계가 두루 둘러쌌으며, 부처님 명호는 초석법이시다.

이 위에 부처님 세계 미진수의 세계를 지나서 이 세계에 이르니 이름이 사바이다. 금강장엄으로 가장자리가 되고, 갖가지 색의 풍륜이 유지하는 연꽃그물을 의지하여 머무르며, 형상은 허공과 같고, 널리 원만한 하늘 궁전으로 장엄한 허공구름으로 그 위를 덮었다.

열세 부처님 세계 미진수의 세계가 두루 둘러쌌으며, 그 부처님은 곧 비로자나여래세존이시다.

이 위에 부처님 세계 미진수의 세계를 지나서 세계가 있으니 이름이

적정이진광이다. 일체 보배 장엄으로 가장자리가 되고, 갖가지 보배 옷바다를 의지하여 머무르며, 그 형상은 마치 집금강의 모양과 같고, 가없는 색의 금강구름으로 그 위를 덮었다.

열네 부처님 세계 미진수의 세계가 두루 둘러쌌으며, 부처님 명호는 변법계승음이시다.

이 위에 부처님 세계 미진수의 세계를 지나서 세계가 있으니 이름이

중묘광명등이다. 일체 장엄휘장으로 가장자리가 되고, 청정한 꽃 그물바다를 의지하여 머무르며, 그 형상은 마치 만(卍) 자의 모양과 같고, 마니나무 향수해 구름으로 그 위를 덮었다.

열다섯 부처님 세계 미진수의 세계가 두루 둘러싸서 순일하게 청정하며, 부처님 명호는 불가최복력보조당이시다.

이 위에 부처님 세계 미진수의 세

계를 지나서 세계가 있으니 이름이 청정광변조이다. 다함없는 보배구름 마니왕으로 가장자리가 되고, 갖가지 향기불꽃 연꽃바다를 의지하여 머무르며, 그 형상은 마치 거북의 껍질 모양과 같고, 둥근 빛 마니바퀴 전단구름으로 그 위를 덮었다.

열여섯 부처님 세계 미진수의 세계가 두루 둘러쌌으며, 부처님 명호는 청정일공덕안이시다.

이 위에 부처님 세계 미진수의 세

계를 지나서 세계가 있으니 이름은 보장엄장이다. 일체 중생 형상인 마니왕으로 가장자리가 되고, 광명창고 마니왕바다를 의지하여 머무르며, 그 형상은 팔모이고, 일체 윤위산 보배로 장엄한 꽃나무그물로 그 위를 가득 덮었다.

열일곱 부처님 세계 미진수의 세계가 두루 둘러쌌으며, 부처님 명호는 무애지광명변조시방이시다.

이 위에 부처님 세계 미진수의 세

계를 지나서 세계가 있으니 이름이 이진이다. 일체 수승하고 묘한 형상의 장엄으로 가장자리가 되고, 온갖 묘한 꽃 사자좌바다를 의지하여 머무르며, 형상은 진주영락과 같고, 일체 보배향 마니왕 둥근 빛구름으로 그 위를 덮었다.

열여덟 부처님 세계 미진수의 세계가 두루 둘러싸서 순일하게 청정하며, 부처님 명호는 무량방편최승당이시다.

이 위에 부처님 세계 미진수의 세계를 지나서 세계가 있으니 이름이 청정광보조이다. 다함없는 보배구름을 내는 마니왕으로 가장자리가 되고, 한량없는 색의 향기불꽃 수미산바다를 의지하여 머무르며, 그 형상은 마치 보배 꽃을 둘러 편 것과 같고, 가없는 색의 광명마니왕 제청구름으로 그 위를 덮었다.

열아홉 부처님 세계 미진수의 세계가 두루 둘러쌌으며, 부처님 명호는 보조법계허공광이시다.

이 위에 부처님 세계 미진수의 세계를 지나서 세계가 있으니 이름은 묘보염이다. 넓은 광명의 일월 보배로 가장자리가 되고, 일체 모든 하늘 형상의 마니왕바다를 의지하여 머무르며, 그 형상은 마치 보배 장엄구와 같고, 일체 보배옷 깃대구름과 마니 등불 창고그물로 그 위를 덮었다.

스무 부처님 세계 미진수의 세계가 두루 둘러싸서 순일하게 청정하며, 부처님 명호는 복덕상광명이시다.

모든 불자들이여, 이 변조시방치연보광명 세계종에 이와 같은 말할 수 없는 부처님 세계 미진수의 광대한 세계가 있다.

각각의 의지하여 머무르는 것과, 각각의 형상과, 각각의 체성과, 각각의 방면과, 각각의 나아가 들어감과, 각각의 장엄과, 각각의 분제와, 각각의 항렬과, 각각의 차별없음과, 각각의 힘으로 가지한 것이 두루 둘러쌌다.

이른바 열 부처님 세계 미진수의 회전하는 형상의 세계와, 열 부처님 세계 미진수의 강하 형상의 세계와, 열 부처님 세계 미진수의 소용돌이 치며 흐르는 형상의 세계와, 열 부처님 세계 미진수의 바퀴테 형상의 세계이다.

열 부처님 세계 미진수의 제단 형상의 세계와, 열 부처님 세계 미진수의 나무숲 형상의 세계와, 열 부처님 세계 미진수의 누관 형상의 세계와, 열 부처님 세계 미진수의 시라깃대

형상의 세계와, 열 부처님 세계 미진수의 넓고 모난 형상의 세계이다.

열 부처님 세계 미진수의 태 속 형상의 세계와, 열 부처님 세계 미진수의 연꽃 형상의 세계와, 열 부처님 세계 미진수의 대그릇 형상의 세계와, 열 부처님 세계 미진수의 갖가지 중생 형상의 세계이다.

열 부처님 세계 미진수의 부처님 형상의 세계와, 열 부처님 세계 미진수의 둥근 광명 형상의 세계와, 열 부처님 세계 미진수의 구름 형상의 세계와, 열 부처님 세계 미진수의 그물 형상의 세계와, 열 부처님 세계 미진수의 문 형상의 세계이다.

이와 같은 것이 말할 수 없는 부처님 세계 미진수가 있다.

이 낱낱 세계에 각각 열 부처님 세계 미진수의 광대한 세계가 있어 두루 둘러쌌고, 이 모든 세계에 낱낱이 또 위에서 설한 바와 같은 미진수의 세계가 있어서 권속이 되었다.

이와 같이 설한 바 일체 세계가 모두 이 무변묘화광향수해와 그리고 이 향수해를 둘러싼 향수하 가운데 있다."

〈대방광불화엄경 제8권〉

회향송

아차보현수승행
무변승복개회향
보원침익제중생
속왕무량광불찰

시방삼세일체불
제존보살마하살
마하반야바라밀

廻向頌

我此普賢殊勝行
無邊勝福皆迴向
普願沈溺諸衆生
速往無量光佛刹

十方三世一切佛
諸尊菩薩摩訶薩
摩訶般若波羅蜜

大方廣佛華嚴經

부록

・

대방광불화엄경 목차

・

간행사

대방광불화엄경
목차

⟨제1회⟩

제1권	제1품	세주묘엄품 [1]
제2권	제1품	세주묘엄품 [2]
제3권	제1품	세주묘엄품 [3]
제4권	제1품	세주묘엄품 [4]
제5권	제1품	세주묘엄품 [5]
제6권	제2품	여래현상품
제7권	제3품	보현삼매품
	제4품	세계성취품
제8권	**제5품**	**화장세계품 [1]**
제9권	제5품	화장세계품 [2]
제10권	제5품	화장세계품 [3]
제11권	제6품	비로자나품

⟨제2회⟩

제12권	제7품	여래명호품
	제8품	사성제품
제13권	제9품	광명각품
	제10품	보살문명품
제14권	제11품	정행품
	제12품	현수품 [1]
제15권	제12품	현수품 [2]

⟨제3회⟩

제16권	제13품	승수미산정품
	제14품	수미정상게찬품
	제15품	십주품
제17권	제16품	범행품
	제17품	초발심공덕품
제18권	제18품	명법품

〈제4회〉

제19권 　제19품 　승야마천궁품
　　　　 제20품 　야마궁중게찬품
　　　　 제21품 　십행품 [1]
제20권 　제21품 　십행품 [2]
제21권 　제22품 　십무진장품

〈제5회〉

제22권 　제23품 　승도솔천궁품
제23권 　제24품 　도솔궁중게찬품
　　　　 제25품 　십회향품 [1]
제24권 　제25품 　십회향품 [2]
제25권 　제25품 　십회향품 [3]
제26권 　제25품 　십회향품 [4]
제27권 　제25품 　십회향품 [5]
제28권 　제25품 　십회향품 [6]
제29권 　제25품 　십회향품 [7]
제30권 　제25품 　십회향품 [8]
제31권 　제25품 　십회향품 [9]
제32권 　제25품 　십회향품 [10]
제33권 　제25품 　십회향품 [11]

〈제6회〉

제34권 　제26품 　십지품 [1]
제35권 　제26품 　십지품 [2]
제36권 　제26품 　십지품 [3]
제37권 　제26품 　십지품 [4]
제38권 　제26품 　십지품 [5]
제39권 　제26품 　십지품 [6]

〈제7회〉

제40권 　제27품 　십정품 [1]
제41권 　제27품 　십정품 [2]
제42권 　제27품 　십정품 [3]
제43권 　제27품 　십정품 [4]
제44권 　제28품 　십통품
　　　　 제29품 　십인품
제45권 　제30품 　아승지품
　　　　 제31품 　수량품
　　　　 제32품 　제보살주처품
제46권 　제33품 　불부사의법품 [1]
제47권 　제33품 　불부사의법품 [2]

제48권   제34품   여래십신상해품
            제35품   여래수호광명공덕품
제49권   제36품   보현행품
제50권   제37품   여래출현품 [1]
제51권   제37품   여래출현품 [2]
제52권   제37품   여래출현품 [3]

〈제8회〉

제53권   제38품   이세간품 [1]
제54권   제38품   이세간품 [2]
제55권   제38품   이세간품 [3]
제56권   제38품   이세간품 [4]
제57권   제38품   이세간품 [5]
제58권   제38품   이세간품 [6]
제59권   제38품   이세간품 [7]

〈제9회〉

제60권   제39품   입법계품 [1]
제61권   제39품   입법계품 [2]
제62권   제39품   입법계품 [3]
제63권   제39품   입법계품 [4]
제64권   제39품   입법계품 [5]
제65권   제39품   입법계품 [6]
제66권   제39품   입법계품 [7]
제67권   제39품   입법계품 [8]
제68권   제39품   입법계품 [9]
제69권   제39품   입법계품 [10]
제70권   제39품   입법계품 [11]
제71권   제39품   입법계품 [12]
제72권   제39품   입법계품 [13]
제73권   제39품   입법계품 [14]
제74권   제39품   입법계품 [15]
제75권   제39품   입법계품 [16]
제76권   제39품   입법계품 [17]
제77권   제39품   입법계품 [18]
제78권   제39품   입법계품 [19]
제79권   제39품   입법계품 [20]
제80권   제39품   입법계품 [21]

간 행 사

귀의삼보 하옵고,

『대방광불화엄경』의 수지 독송과 유통을 발원하면서 수미정사 불전연구원에서 『독송본 한문·한글역 대방광불화엄경』과 『사경본 한글역 대방광불화엄경』을 편찬하여 간행하게 되었습니다.

『화엄경』은 우리나라에 전래된 이래 일찍부터 사경되고 주석·강설되어 왔으며 근현대에 이르러서는 『화엄경』의 한글 번역과 연구도 부쩍 많이 이루어졌습니다. 그만큼 『화엄경』이 우리 불자님들의 신행과 해탈에 큰 의지처가 되었던 것임을 알 수 있습니다.

『화엄경』을 독송하고 사경하는 공덕은 설법 공덕과 함께 크게 강조되어 왔습니다. 그리하여 수미정사 불전연구원에서도 『화엄경』(80권)을 독송하고 사경하는 데 도움이 되도록 한문 원문과 한글역을 함께 수록한 독송본과 한글역의 사경본 『화엄경』 간행불사를 발원하였습니다. 이 『화엄경』 간행불사에 뜻을 같이하여 적극 후원해주신 스님들과 재가 불자님들께 깊이 감사드립니다. 또한 『화엄경』을 수지 독송할 수 있도록 경책의 모습으로 장엄해 주신 편집위원들과 담앤북스 출판사 관계자들께도 고마움을 표합니다.

끝으로 이 불사의 원만 회향으로 『화엄경』이 널리 유통되고, 온 법계에 부처님의 가피가 충만하시길 기원드립니다.

나무 대방광불화엄경

불기 2564년 '부처님오신날'을 봉축하며
수미해주 합장

위태천신(동진보살)

수미해주 須彌海住

동국대학교 명예교수
중앙승가대학교 법인이사
대한불교조계종 수미정사 주지

사경본 한글역
대방광불화엄경 제8권

| 초판 1쇄 발행_ 2020년 12월 24일

| **엮은이**_ 수미해주
| **엮은곳**_ 수미정사 불전연구원
| **편집위원**_ 해주 수정 경진 선초 정천 석도 박보람 최원섭
| **편집보**_ 동건 무이 무진 김지예

| **펴낸이**_ 오세룡
| **펴낸곳**_ 담앤북스
　　　　서울특별시 종로구 새문안로3길 23 경희궁의 아침 4단지 805호
　　　　대표전화 02)765-1251　전자우편 damnbooks@hanmail.net
　　　　출판등록 제300-2011-115호
| ISBN_ 979-11-6201-262-8　04220

이 책은 저작권 법에 따라 보호받는 저작물이므로 무단전재와 복제를 금합니다.
이 책 내용의 전부 또는 일부를 이용하려면 반드시 저작권자와 담앤북스의 서면 동의를 받아야 합니다.
이 도서의 국립중앙도서관 출판예정도서목록(CIP)은 서지정보유통지원시스템 홈페이지(http://seoji.nl.go.kr)와 국가자료종합목록 구축시스템(http://kolis-net.nl.go.kr)에서 이용하실 수 있습니다. (CIP제어번호 : CIP2020050918)

정가 10,000원
ⓒ 수미해주 2020